Pilze

Lesley Mackley

p

Entwurf und Realisation: Bridgewater Book Company Ltd.
Fotos: Karen Thomas

Parragon
Queen Street House
4 Queen Street
Bath BA1 1HE, UK

Übersetzung: Berliner Buchwerkstatt, Vera Olbricht
Satz: Berliner Buchwerkstatt, Britta Dieterle
Redaktion: Berliner Buchwerkstatt, Ivana Jokl
Koordination: trans texas Publishing Services GmbH, Köln

ISBN 1-40544-542-4

Printed in India

HINWEIS
Sind Zutaten in Löffelmengen angegeben, ist immer ein gestrichener Löffel gemeint. Ein Teelöffel entspricht 5 ml, ein Esslöffel 15 ml. Sofern nichts anderes angegeben ist, wird Vollmilch (3,5 % Fett) verwendet.
Bei Eiern verwenden Sie mittelgroße Exemplare. Pfeffer sollte stets frisch gemahlen werden. Sofern die Schale von Zitrusfrüchten benötigt wird, verwenden Sie unbedingt unbehandelte Früchte.
Die angegebenen Zeiten in jedem Rezept sind grobe Richtlinien, die je nach Kochtechnik und Garzeit differieren können.
Bei den Garzeiten können sich je nach Herdtyp und Heizquelle geringfügige Änderungen ergeben. Bei Verwendung des Backofens sollte dieser immer auf die angegebene Temperatur vorgeheizt werden. Für Garzeiten und Temperatureinstellungen bei Umluftherden die Anweisungen der Hersteller beachten.
Kinder, ältere Menschen, Schwangere, Kranke und Rekonvaleszenten sollten auf Gerichte mit rohen oder nur leicht gegarten Eiern verzichten.

Inhalt

Einführung

Pilze sind ausgesprochen vielseitig: Sie schmecken gebacken, gebraten, gegrillt oder roh. Sie lassen sich in Teig hüllen, unter Rühren braten, für einen Salat verwenden, auf eine Pizza legen, in Suppen geben oder bilden die Grundlage für eine Nudelsauce. Auch passen sie zum Brunch, schmecken als Hauptgericht, als Snack zu Aperitif oder Cocktail oder als Vorspeise. Durch ihre fleischige Konsistenz sind sie in vegetarischen Gerichten willkommen. Sie enthalten Vitamine und Mineralstoffe, wenig Kalorien und so gut wie kein Fett, kaum Kohlenhydrate oder Natrium – damit sind sie für eine gesunde Ernährung ideal.

Wählen Sie zwischen weißen und braunen Champignons, die es in den unterschiedlichsten Größen gibt. Oder nehmen Sie exotische Sorten, wie die schönen Austernpilze, die sehr empfindlich sind und nur kurz gegart werden. Die Shiitake-Pilze sind etwas fester und eignen sich für asiatische Gerichte. Dann gibt es noch die großen

Anis-Champignons, die zerbrechlichen bläulichen Pied bleu, die langstieligen japanischen Enokitake, die für Salate und pfannengerührte Gerichte ideal sind, Steinpilze, Pfifferlinge und viele andere Sorten mehr. Vergessen Sie nicht all die Möglichkeiten, die Ihnen getrocknete Pilze in der Küche eröffnen. Verwenden Sie sie zusammen mit frischen Pilzen, das ergibt ein bestechend intensives Aroma.

Sie können Pilze in einer Papiertüte im Gemüsefach des Kühlschranks bis zu 5 Tage lang aufbewahren. Abgepackte Pilze müssen nicht extra gesäubert werden, aber lose sollte man vor der Verwendung kurz mit einem feuchten Tuch abreiben. Da Stiele und Haut ebenfalls köstlich schmecken und viele Nährstoffe enthalten, gibt es keinen Grund, sie zu entfernen.

Das Allerbeste an Pilzen ist aber, dass sie das ganze Jahr über verfügbar sind. So können Sie Ihre Rezepte immer wieder neu variieren.

Chinesische Pilzsuppe

Die Kombination aus getrockneten und frischen Pilzen verleiht dieser leichten Suppe ein herrlich intensives Aroma.

1 Das Wasser in einem großen Topf aufkochen. Den Topf vom Herd nehmen, die Shiitake-Pilze hineingeben und 10 Minuten ziehen lassen. Pilze mit einem Schaumlöffel herausnehmen, grob hacken und beiseite legen. Pilzwasser durch ein Sieb umfüllen, dann in den gesäuberten Topf gießen.

2 Die Brühe zum Pilzwasser gießen und aufkochen. Ingwer, Knoblauch, Shiitake-Pilze, Champignons und Sojasauce zugeben. Die Suppe abgedeckt auf niedriger Stufe 10 Minuten köcheln.

3 Inzwischen die Nudeln in einer Schüssel mit heißem Wasser übergießen und 10 Minuten oder gemäß den Packungsangaben ziehen lassen. Abtropfen lassen, in die Suppe geben und weitere 3 Minuten köcheln.

4 Die Frühlingszwiebeln über die Suppe streuen und mit Koriander garnieren. Suppe in Suppentassen füllen und servieren.

FÜR 4 PERSONEN

VORBEREITUNG: 30 MINUTEN, PLUS 10 MINUTEN EINWEICHEN

GARZEIT: 15 MINUTEN

150 ml Wasser
30 g getrocknete Shiitake-Pilze
1 l Gemüse- oder Hühnerbrühe
3-cm-Stück Ingwerwurzel, gerieben
2 Knoblauchzehen, in dünnen Scheiben
80 g braune Champignons, in dicken Scheiben
1 EL Sojasauce
70 g Reisnudeln
3 Frühlingszwiebeln, in dünnen Ringen
frisch gehackter Koriander, zum Garnieren

Pilzcremesuppe mit Estragon

FÜR 4–6 PERSONEN

VORBEREITUNG: 10 MINUTEN

GARZEIT: 35 MINUTEN

50 g Butter
1 Zwiebel, gehackt
700 g kleine Champignons, grob gehackt
850 ml Gemüsebrühe
3 EL frisch gehackter Estragon, plus etwas mehr zum Garnieren
150 g Crème fraîche
Salz und Pfeffer

Für diese feine Suppe können Sie anstelle der Crème fraîche auch Schlagsahne verwenden.

1 Die Hälfte der Butter in einem großen Topf zerlassen. Die Zwiebel darin 10 Minuten weich dünsten. Restliche Butter und Champignons zufügen und diese unter Rühren 5 Minuten braun braten.

2 Brühe und Estragon zugeben, aufkochen, dann die Hitze reduzieren und die Suppe 20 Minuten auf niedriger Stufe köcheln. Alles in eine Küchenmaschine oder einen Mixer geben und glatt pürieren. Die Suppe wieder in den Topf geben.

3 Die Crème fraîche unterrühren und mit Salz und Pfeffer abschmecken. Die Suppe langsam erhitzen, in vorgewärmte Suppentassen geben und mit gehacktem Estragon garnieren. Sofort servieren.

Pilz-Bruschetta

FÜR 4 PERSONEN

VORBEREITUNG: 10 MINUTEN

GARZEIT: 10 MINUTEN

12 Scheiben Baguette, 1 cm dick, oder 2 Baguettebrötchen, längs halbiert

3 EL Olivenöl

2 Knoblauchzehen, zerdrückt

250 g braune Champignons, in Scheiben

200 g gemischte Wildpilze

2 TL Zitronensaft

Salz und Pfeffer

2 EL frisch gehackte Petersilie

Diese Bruschetta ist ein idealer Begleiter zum Aperitif, ein knuspriger Appetithappen oder ein Snack für zwischendurch.

1 Den Backofengrill auf mittlerer Stufe vorheizen. Das Brot darunter auf beiden Seiten goldbraun rösten und warm halten.

2 Inzwischen das Öl in einer Pfanne erhitzen. Den Knoblauch darin einige Sekunden leicht dünsten, dann die Champignons zugeben. Unter ständigem Rühren auf höchster Stufe 3 Minuten braten. Die Wildpilze zugeben und weitere 2 Minuten dünsten. Den Zitronensaft unterrühren.

3 Die Pilze nach Belieben mit Salz und Pfeffer abschmecken und die Petersilie unterrühren.

4 Die Pilzmischung auf die heißen Brotscheiben geben und servieren.

Rührei mit Pfifferlingen

FÜR 2–3 PERSONEN

VORBEREITUNG: 5 MINUTEN

GARZEIT: 8 MINUTEN

120 g Pfifferlinge
40 g Butter
4 große Eier
1 EL Milch
2 EL frisch gehackter Schnittlauch
Salz und Pfeffer
2–3 Scheiben Toastbrot mit Butter, zum Servieren

Das zarte Aroma der Pfifferlinge passt besonders gut zu Eiern. Man kann aber auch andere kleine Wildpilze nehmen.

1 Die Pfifferlinge unter kaltem Wasser abspülen und auf Küchenpapier abtropfen lassen. Die Hälfte der Butter in einer großen, schweren Pfanne zerlassen. Die Pfifferlinge darin 3–4 Minuten unter häufigem Rühren dünsten. Aus der Pfanne nehmen und auf Küchenpapier abtropfen lassen.

2 Eier und Milch in einer Schüssel verquirlen. Die restliche Butter in der Pfanne zerlassen. Die Eier hineingeben und unter ständigem Rühren auf niedriger Stufe leicht stocken lassen.

3 Pfifferlinge und Schnittlauch unterrühren und mit Salz und Pfeffer abschmecken. Das Rührei auf die mit Butter bestrichenen Toastbrote geben und sofort servieren. Eine interessante und lustige Alternative: Eierschalen unter fließendem Wasser waschen und mit dem Pilzrührei füllen.

Süß-saurer Nudel-Pilz-Salat

Chili-Saucen sind unterschiedlich scharf. Deshalb die Sauce nach und nach zum Dressing geben und das Ganze immer wieder probieren.

1 Die Nudeln in einer Schüssel mit heißem Wasser übergießen und 10 Minuten oder gemäß den Packungsangaben ziehen lassen. Abtropfen lassen und in eine große Schüssel geben. Das Sesamöl zugeben und mit den Nudeln vermengen, bis diese gleichmäßig mit Öl überzogen sind.

2 Die Gurke in streichholzgroße Stifte schneiden. Mit den Frühlingszwiebeln und Champignons zu den Nudeln geben.

3 Für das Dressing Sesamöl, Fischsauce, Limettensaft, Zucker und Chili-Sauce in einer kleinen Schüssel verrühren. Den Koriander unterrühren.

4 Das Dressing über den Salat gießen und alles gut vermengen. Sofort servieren.

FÜR 4 PERSONEN

VORBEREITUNG: 10 MINUTEN, PLUS 10 MINUTEN EINWEICHEN

GARZEIT: KEINE

250 g Reisnudeln
2 EL Sesamöl
6 Frühlingszwiebeln, in Ringen
180 g kleine Champignons, in Scheiben
1/2 Salatgurke

Dressing

4 EL Sesamöl
2 EL Fischsauce
Saft von 2 Limetten
1 TL Zucker
1–2 TL scharfe Chili-Sauce
2 EL frisch gehackter Koriander

Warmer Pilzsalat mit Spinat und Pancetta

Pancetta ist ein luftgetrockneter italienischer Bauchspeck. Sollte er nicht erhältlich sein, können Sie auch Frühstücksspeck nehmen.

1 Für das Dressing Olivenöl, Essig, Senf, Zucker, Salz und Pfeffer in einer kleinen Schüssel verrühren. Den Spinat unter fließendem kaltem Wasser abspülen, abtropfen lassen und in eine große Salatschüssel geben.

2 Das Öl in einer großen Pfanne erhitzen. Die Pancetta-Würfel darin 3 Minuten braten. Die Pilze zugeben und 3–4 Minuten weich dünsten.

3 Das Dressing in die Pfanne gießen und das Ganze sofort über den Spinat geben. Den Salat gründlich vermengen und sofort servieren.

FÜR 4 PERSONEN

VORBEREITUNG: 5 MINUTEN

GARZEIT: 8 MINUTEN

280 g frischer junger Blattspinat
2 EL Olivenöl
150 g Pancetta, gewürfelt
280 g gemischte Wildpilze, in Scheiben

Dressing

5 EL Olivenöl
1 EL Balsamico-Essig
1 TL Dijon-Senf
1 Prise Zucker
Salz und Pfeffer

Linguine mit Wildpilz-Mascarpone-Sauce

Diese einfache Sauce passt zu jeder Art von Nudeln – egal ob diese mit oder ohne Ei zubereitet sind.

1 Die Pilze in Scheiben schneiden. In einem großen Topf leicht gesalzenes Wasser aufkochen. Die Nudeln hineingeben und 10–12 Minuten oder gemäß den Packungsangaben bissfest kochen.

2 Inzwischen die Butter in einer großen Pfanne zerlassen. Pilze und Knoblauch hineingeben und 3–4 Minuten garen.

3 Die Hitze reduzieren und Mascarpone, Milch und Salbei unterrühren. Nach Belieben mit Salz und Pfeffer abschmecken.

4 Die Nudeln abtropfen lassen und in die Pilzsauce geben. Gründlich vermengen. Die Pasta auf vorgewärmte Teller geben und sofort mit Parmesan servieren.

FÜR 4 PERSONEN

VORBEREITUNG: 5 MINUTEN

GARZEIT: 10 MINUTEN

220 g gemischte Wildpilze
450 g Linguine
Salz und Pfeffer
60 g Butter
1 Knoblauchzehe, zerdrückt
250 g Mascarpone
2 EL Milch
1 TL frisch gehackter Salbei
frisch geriebener Parmesan, zum Servieren

Pilz-Brioches

FÜR 6 PERSONEN

VORBEREITUNG: 15 MINUTEN

GARZEIT: 25 MINUTEN

6 kleine Brioches
5 EL Olivenöl
1 Knoblauchzehe, zerdrückt
2 Schalotten, fein gehackt
350 g braune Champignons, in Scheiben
1 TL Dijon-Senf
2 EL Sherry Fino
1 TL frische Thymianblätter
150 g Crème double
Salz und Pfeffer

Diese pilzgefüllten Brioches können als Vorspeise oder als kleines Mittagessen serviert werden. Anstelle der Brioches kann man auch Hefebrötchen nehmen.

1 Den Backofen auf 200 °C vorheizen. Die kugeligen Köpfe der Brioches abschneiden und die Brioches aushöhlen, sodass „Körbchen" entstehen. Innen mit 3 Esslöffeln Öl bestreichen. Die Brioches auf ein Backblech legen und im Backofen 10–12 Minuten knusprig backen.

2 Inzwischen das restliche Öl in einer Pfanne erhitzen. Knoblauch und Schalotten hineingeben und 3 Minuten weich dünsten. Die Champignons zufügen und 5 Minuten unter gelegentlichem Rühren auf niedriger Stufe garen.

3 Senf, Sherry, Thymian und Crème double unterrühren und mit Salz und Pfeffer abschmecken. Einige Minuten garen und eindicken lassen. Die Pilzmischung in die „Brioche-Körbchen" geben und sofort servieren.

Frittata mit Pilzen und Ziegenkäse

FÜR 4 PERSONEN

VORBEREITUNG: 5 MINUTEN

GARZEIT: 15 MINUTEN

4 große Eier
2 EL kaltes Wasser
Pfeffer
200 g Ziegenkäserolle
4 EL Olivenöl
220 g große Champignons, in Scheiben
2 Knoblauchzehen, fein gehackt
2 EL frisch gehackte Petersilie

Die Frittata ist eine italienische Variante der spanischen Tortilla. Zusammen mit Salat und Brot ergibt sie ein wunderbares Mittagessen.

1 Den Backofengrill auf mittlerer Stufe vorheizen. Eier und Wasser in einer kleinen Schüssel verquirlen und mit Pfeffer würzen. Die Käserinde entfernen und den Käse in Würfel schneiden.

2 Das Öl in einer Omelettepfanne mit 18 cm Durchmesser oder einer Pfanne mit ofenfestem Stiel erhitzen. Champignons und Knoblauch hineingeben und dünsten, bis die Pilze an den Rändern knusprig werden.

3 Die Eier über die Pilze gießen und an der Unterseite auf niedriger Stufe 3 Minuten stocken lassen.

4 Die Käsewürfel auf die Frittata streuen. Die Frittata unter den heißen Grill stellen, die Eier stocken und den Käse schmelzen lassen. Mit Petersilie bestreuen, dann in Stücke schneiden und sofort servieren.

Pizza mit gemischten Pilzen

Anstelle der runden Pizzateige kann man auch einen rechteckigen Teigboden (36 cm x 27 cm) verwenden.

1 Den Backofen auf 240 °C vorheizen. 2 Esslöffel Öl, Knoblauch und Oregano vermengen und auf die Pizzaböden streichen.

2 Quark und Milch in einer Schüssel mischen. Mit Salz und Pfeffer abschmecken und auf die Pizzaböden streichen. Dabei einen 4 cm breiten Rand lassen.

3 Butter und restliches Öl in einer großen Pfanne erhitzen. Die Pilze hineingeben und auf hoher Stufe 2–4 Minuten dünsten. Die Pfanne vom Herd nehmen, Pilze mit Salz und Pfeffer abschmecken und Zitronensaft und Majoran unterrühren.

4 Die Pilzmischung auf die Pizzaböden geben, dabei einen 1 cm breiten Rand lassen. Mit Parmesan bestreuen, dann im Backofen 12–15 Minuten backen, bis die Böden knusprig und die Pilze gar sind. Sofort servieren.

ERGIBT 2 PIZZEN

VORBEREITUNG: 10 MINUTEN

GARZEIT: 15–20 MINUTEN

3 EL Öl
2 Knoblauchzehen, zerdrückt
2 EL frisch gehackter Oregano
2 Pizzateige, Fertigprodukt
80 g Quark
1 EL Milch
Salz und Pfeffer
40 g Butter
350 g gemischte Pilze, in Scheiben
2 TL Zitronensaft
1 EL frisch gehackter Majoran
4 EL frisch geriebener Parmesan

Gefüllte Champignons mit Spinat und Speck

FÜR 4 PERSONEN

VORBEREITUNG: 15 MINUTEN

GARZEIT: 30 MINUTEN

220 g frischer junger Blattspinat
4 große Champignons mit offenem Hut
3 EL Olivenöl
50 g Frühstücksspeck, ohne Schwarte, gewürfelt
2 Knoblauchzehen, zerdrückt
50 g frische helle oder dunkle Semmelbrösel
2 EL frisch gehacktes Basilikum
Salz und Pfeffer

Wenn Sie lieber vegetarisch essen, nehmen Sie getrocknete Tomaten anstelle des Specks.

1 Den Backofen auf 200 °C vorheizen. Den Spinat abspülen und tropfnass in einen Topf geben. 2–3 Minuten garen, bis die Blätter zusammenfallen. Abtropfen lassen, sehr gut ausdrücken und fein hacken. Die Champignonstiele abschneiden und fein hacken.

2 In einer Pfanne 2 Esslöffel Öl erhitzen. Die Champignonhüte mit der runden Seite nach unten hineingeben und 1–2 Minuten dünsten. Aus der Pfanne nehmen und mit der runden Seite nach unten in eine große Auflaufform legen.

3 Gehackte Pilzstiele, Speck und Knoblauch in die Pfanne geben und 5 Minuten dünsten. Spinat, Semmelbrösel und Basilikum zufügen und mit Salz und Pfeffer abschmecken. Alles gut mischen und die Füllung in die Champignonhüte geben.

4 Das restliche Olivenöl darüber träufeln und die Pilze im Backofen 20 Minuten knusprig goldbraun braten.

Pilz-Halloumi-Spieße

Diese Spieße schmecken besonders gut vom Holzkohlengrill, sie können jedoch auch unter dem Backofengrill gegart werden.

1 Für die Marinade Zitronenschale und -saft, Olivenöl, Thymian, Chillies, Salz und Pfeffer in einer kleinen Schüssel vermengen.

2 Shiitake-Pilze und Champignons in eine große Schüssel geben. Den Halloumi in 2,5 cm große Würfel schneiden und zu den Pilzen geben. Die Marinade darüber gießen und alles gründlich mischen. Mit Frischhaltefolie abdecken und im Kühlschrank 2 Stunden marinieren.

3 Den Holzkohlen- oder Backofengrill auf mittlerer Stufe vorheizen. Marinierte Pilze und Käse auf 4 Metall- oder eingeweichte Holzspieße stecken. Die restliche Marinade zum Begießen bereitstellen.

4 Die Spieße 10 Minuten grillen, dabei häufig wenden und mit der Marinade begießen. Sofort servieren.

FÜR 4 PERSONEN

VORBEREITUNG: 10 MINUTEN, PLUS 2 STUNDEN MARINIEREN

GARZEIT: 10 MINUTEN

16 Shiitake-Pilze, etwa 120 g
16 kleine Champignons, etwa 220 g
350 g Halloumi

Marinade

abgeriebene Schale und Saft von 2 kleinen Zitronen
2 EL Olivenöl
2 EL frisch gehackter Thymian
frische, kleine rote Chillies, entkernt und fein gehackt
Salz und Pfeffer

Pilz-Burger

Selbst überzeugte Fleischesser werden diese köstlichen vegetarischen Burger lieben!

1 Die Pilze in eine Küchenmaschine geben und kurz hacken.

2 Die Butter und 4 Esslöffel Öl in einer großen Pfanne erhitzen. Die Schalotten hineingeben und 5 Minuten weich dünsten. Die Pilze zugeben und unter häufigem Rühren 5 Minuten garen.

3 Die Mischung abkühlen lassen, dann Senf, Estragon und Semmelbrösel zufügen und mit Salz und Pfeffer abschmecken. Alles gut vermengen, in 6 Portionen teilen und Frikadellen daraus formen. Im Kühlschrank 1 Stunde ruhen lassen.

4 Den Backofengrill auf mittlerer Stufe vorheizen. Das restliche Öl in der Pfanne erhitzen. Die Burger, gegebenenfalls portionsweise, hineingeben und auf jeder Seite 5 Minuten goldbraun braten. Die Burger-Brötchen aufschneiden. Die Schnittflächen unter dem Grill rösten, dann mit etwas Butter bestreichen. Die Burger zwischen die Brötchenhälften legen und mit Salat und Senf servieren.

FÜR 6 PERSONEN

VORBEREITUNG: 10 MINUTEN, PLUS 1 STUNDE KÜHLEN

GARZEIT: 20 MINUTEN

700 g braune Champignons und große Champignons mit offenem Hut, gemischt
60 g Butter
8 EL Olivenöl
4 Schalotten, fein gehackt
1 TL Dijon-Senf
1 EL frisch gehackter Estragon
220 g frische Vollkorn-Semmelbrösel
Salz und Pfeffer
6 Burger-Brötchen
Butter, zum Bestreichen

Zum Servieren

Salatblätter
Estragonsenf

Champignon-Bohnen-Chili

Servieren Sie dieses köstliche Chili mit Reis und saurer Sahne.

1 1 Esslöffel Öl in einer großen Pfanne erhitzen. Die Champignons hineingeben und unter ständigem Rühren scharf anbraten. Mit einem Schaumlöffel herausnehmen und beiseite stellen.

2 Das restliche Öl in der Pfanne erhitzen. Zwiebel, Knoblauch und grüne Paprika hineingeben und 5 Minuten dünsten. Paprikapulver, Koriander, Kreuzkümmel und Chilipulver unterrühren und 1 Minute weiterdünsten.

3 Tomaten, Brühe und Tomatenmark zugeben. Alles gründlich verrühren, dann abdecken und 20 Minuten garen.

4 Die beiseite gestellten Pilze und die Kidneybohnen zugeben und abgedeckt weitere 20 Minuten garen. Mit Salz und Pfeffer abschmecken und den frisch gehackten Koriander unterrühren. Sofort servieren.

FÜR 6 PERSONEN

VORBEREITUNG: 10 MINUTEN

GARZEIT: 50 MINUTEN

4 EL Olivenöl
220 g kleine Champignons
1 große Zwiebel, gehackt
1 Knoblauchzehe, gehackt
1 grüne Paprika, entkernt und in Streifen
je 1 TL Paprikapulver, gemahlener Koriander und gemahlener Kreuzkümmel
1/4–1/2 TL Chilipulver
400 g gehackte Tomaten aus der Dose
150 ml Gemüsebrühe
1 EL Tomatenmark
400 g Kidneybohnen aus der Dose, abgetropft und abgespült
Salz und Pfeffer
2 EL frisch gehackter Koriander

Thai-Reis mit Garnelen und Pilzen

Getrocknete chinesische Pilze haben ein besonders intensives Aroma. Wenn sie nicht erhältlich sind, kann jede andere getrocknete Pilzsorte verwendet werden.

1 Die Pilze in einer Schüssel mit heißem Wasser übergießen und 30 Minuten ziehen lassen. Abtropfen lassen und hacken.

2 Inzwischen den Reis mehrmals mit Wasser abspülen und gut abtropfen lassen. Mit dem Wasser in einen Topf geben, aufkochen und einmal durchrühren. Die Hitze sofort reduzieren, den Topf abdecken und den Reis 12 Minuten auf niedriger Stufe garen und ausquellen lassen. Mit einer Gabel auflockern.

3 Das Öl in einem vorgewärmten Wok erhitzen. Zwiebel und Knoblauch darin unter gelegentlichem Rühren weich dünsten. Die Chillies zugeben und 2 Minuten unter Rühren scharf anbraten. Bambussprossen, Pilze und Fischsauce unterrühren.

4 Weitere 2 Minuten unter Rühren scharf braten, dann Reis und Garnelen unterrühren. Einige Minuten erhitzen, dabei leicht rühren. Den Koriander zugeben und sofort servieren.

FÜR 4 PERSONEN

VORBEREITUNG: 15 MINUTEN, PLUS 30 MINUTEN EINWEICHEN

GARZEIT: 25 MINUTEN

8 getrocknete chinesische Pilze
180 g Langkornreis
350 ml Wasser
2 EL Öl
1 kleine Zwiebel, fein gehackt
2 Knoblauchzehen, fein gehackt
2 frische rote Chillies, entkernt und in dünnen Streifen
80 g Bambussprossen, in streichholzgroßen Stiften
1 EL Fischsauce
180 g gekochte Garnelen, ausgelöst
2 EL frisch gehackter Koriander

Pilz-Salbei-Risotto

Achten Sie darauf, den Risotto nicht zu lange zu garen. Der Reis sollte weich und leicht suppig sein. Wenn nötig, noch etwas Flüssigkeit zugeben.

1 Die Steinpilze in einer kleinen Schüssel mit heißem Wasser übergießen und 15 Minuten ziehen lassen. Die Pilze abseihen, abtropfen lassen und das Pilzwasser in einen Topf geben. Die Brühe zugießen und erhitzen. Leicht köchelnd warm halten.

2 Die Hälfte der Butter in einer großen, schweren Pfanne zerlassen. Zwiebel und Knoblauch hineingeben und 10 Minuten weich dünsten.

3 Getrocknete und frische Pilze zugeben und einige Minuten weich dünsten. Den Weißwein unterrühren. Das Ganze schnell um ein Drittel einkochen, dann den Reis und den Salbei zugeben. Nach und nach die heiße Brühe unterrühren. Immer so lange mit dem Nachgießen warten, bis der Reis die Brühe aufgenommen hat.

4 Fortfahren, bis die gesamte Brühe zugegeben und aufgenommen ist. Restliche Butter und Parmesan unter den Risotto rühren, mit Salz und Pfeffer abschmecken. Sofort servieren.

FÜR 4 PERSONEN

VORBEREITUNG: 15 MINUTEN, PLUS 15 MINUTEN EINWEICHEN

GARZEIT: 30 MINUTEN

20 g getrocknete Steinpilze
300 ml heißes Wasser
850 ml Gemüsebrühe
80 g Butter
1 Zwiebel, fein gehackt
2 Knoblauchzehen, gehackt
200 g gemischte Wildpilze
150 ml trockener Weißwein
350 g Arborio-Reis
1 EL frisch gehackter Salbei
50 g frisch geriebener Parmesan
Salz und Pfeffer

Teigtaschen mit Pilzfüllung

FÜR 6 PERSONEN

ALS VORSPEISE

VORBEREITUNG: 20 MINUTEN, PLUS 20 MINUTEN ABKÜHLEN

GARZEIT: 20 MINUTEN

5 EL Öl
120 g kleine Champignons, in Scheiben
2 Selleriestangen, in Stiften
1 Karotte, in Stiften
4 Frühlingszwiebeln, in dünnen Stiften
2,5-cm-Stück Ingwerwurzel, gerieben
Saft von 1 kleinen Zitrone
Salz und Pfeffer
5 Blätter Filo-Teig à 45 cm x 30 cm

Behalten Sie die Teigtaschen beim Backen im Auge. Wenn sie gegen Ende der Garzeit zu braun werden, locker mit Backpapier abdecken.

1 In einer großen Pfanne 2 Esslöffel Öl erhitzen. Champignons, Sellerie, Karotte, Frühlingszwiebeln und Ingwer darin auf hoher Stufe unter Rühren 3–4 Minuten scharf braten, bis das Gemüse weich zu werden beginnt.

2 Den Zitronensaft zugeben, das Gemüse gar dünsten und die Flüssigkeit einkochen lassen. Mit Salz und Pfeffer abschmecken, dann abkühlen lassen. Den Backofen auf 200 °C vorheizen.

3 Jedes Teigblatt in 4 rechteckige Stücke schneiden (ergibt 20 Stücke). Leicht mit Öl bestreichen und je 3 Stücke zu insgesamt 6 Päckchen aufeinander legen. Die restlichen 2 zum Reparieren von Rissen verwenden.

4 Die Gemüsemischung auf die Teigpäckchen verteilen, die Teigränder hochnehmen und oberhalb der Füllung zusammendrücken. Die Teigtaschen auf ein Backblech geben und mit Öl bestreichen. 20 Minuten braun und knusprig backen.

Pilz-Taleggio-Tartes

ERGIBT 10 STÜCK

VORBEREITUNG: 20 MINUTEN

GARZEIT: 50 MINUTEN

5 EL Olivenöl, plus etwas mehr zum Bestreichen

700 g rote Zwiebeln, in dünnen Ringen

250 g braune Champignons, in Scheiben

30 g Pinienkerne

1 EL frisch gehackter Oregano

Salz und Pfeffer

450 g Blätterteig, in quadratischen Scheiben, Tiefkühlware aufgetaut

200 g Taleggio, in Scheiben

Diese Tartes sind ganz einfach zuzubereiten. Der Teig steigt um die Füllung herum in die Höhe und bildet so einen Rand.

1 3 Esslöffel Öl in einer Pfanne erhitzen. Die Zwiebeln hineingeben und auf niedriger Stufe 30 Minuten dünsten. Aus der Pfanne nehmen und abkühlen lassen.

2 Das restliche Öl in der Pfanne erhitzen. Die Champignons hineingeben und auf hoher Stufe weich dünsten. Die entstehende Flüssigkeit sollte dabei verdampfen. Etwas abkühlen lassen, dann die Zwiebeln zufügen. Die Pinienkerne unterrühren, das Ganze mit Oregano, Salz und Pfeffer abschmecken.

3 Den Backofen auf 220 °C vorheizen. Die Blätterteigscheiben auf 2 mit Alufolie oder Backpapier belegte Backbleche legen.

4 Die Teigscheiben mit einer Gabel mehrmals einstechen und mit Öl bestreichen. Die Pilzmischung auf die Teigstücke geben, dabei einen 1 cm breiten Rand lassen. Den Käse darauf legen. Die Tartes 15 Minuten goldbraun backen.

Champignons Stroganoff

FÜR 4 PERSONEN

VORBEREITUNG: 5 MINUTEN

GARZEIT: 15 MINUTEN

30 g Butter
1 Zwiebel, fein gehackt
450 g Champignons mit geschlossenem Hut
1 TL Tomatenmark
1 TL grobkörniger Senf
150 g Crème fraîche
1 TL Paprikapulver
Salz und Pfeffer
frisch gehackte Petersilie, zum Garnieren

Zusammen mit Reis bilden die Champignons Stroganoff ein Hauptgericht, zu Steaks, Huhn oder Koteletts eine wunderbare Beilage.

1 Die Butter in einer großen, schweren Pfanne zerlassen. Die Zwiebel hineingeben und 5–10 Minuten weich dünsten. Inzwischen die Champignons vierteln.

2 Die Champignons zu den Zwiebeln geben und einige Minuten unter Rühren scharf anbraten, bis sie weich zu werden beginnen. Tomatenmark und Senf unterrühren, dann die Crème fraîche zugeben. 5 Minuten unter ständigem Rühren sanft garen.

3 Paprikapulver unterrühren, das Ganze mit Salz und Pfeffer abschmecken. Mit Petersilie garnieren und sofort servieren.

Knoblauchchampignons

FÜR 4 PERSONEN

VORBEREITUNG: 10 MINUTEN

GARZEIT: 20 MINUTEN

450 g mittelgroße Champignons
180 g weiche Butter
2 Knoblauchzehen, zerdrückt
abgeriebene Schale und Saft von 1/2 Zitrone
2 TL frisch gehackte Petersilie
Salz und Pfeffer
knusprig-frisches Brot, zum Servieren

Reichen Sie zu diesen Pilzen viel knuspriges Brot, damit man den köstlichen Knoblauch-Pilz-Saft auftunken kann.

1 Den Backofen auf 220 °C vorheizen. Die Pilzstiele entfernen und die Champignonhüte mit der runden Seite nach unten in eine flache Auflaufform legen.

2 Butter, Knoblauch, Zitronenschale und -saft, Petersilie, Salz und Pfeffer in einer Schüssel vermengen. Die Buttermischung in die Champignonhüte geben.

3 Das Ganze im Backofen 15–20 Minuten backen, bis die Champignons gar sind und die Butter brutzelt. Sofort mit knusprigem Brot servieren.

Pilz-Fajitas

Wie scharf und würzig die Fajitas werden, hängt davon ab, wie viel Cayennepfeffer Sie verwenden.

1 Das Öl in einer großen, schweren Pfanne erhitzen. Champignons, Zwiebel, Paprika und Knoblauch hineingeben und 8–10 Minuten unter ständigem Rühren scharf braten.

2 Cayennepfeffer, Limettenschale und -saft, Zucker und Oregano unterrühren. Mit Salz und Pfeffer abschmecken und weitere 2 Minuten garen.

3 Inzwischen die Tortillas gemäß den Packungsangaben erwärmen. Die Champignonmischung auf die warmen Tortillas geben und mit saurer Sahne und Salsa servieren.

FÜR 4–8 PERSONEN

VORBEREITUNG: 15 MINUTEN

GARZEIT: 12 MINUTEN

2 EL Öl

500 g große Champignons mit offenem Hut, in Scheiben

1 Zwiebel, in Streifen

1 rote Paprika, entkernt und in Streifen

1 grüne Paprika, entkernt und in Streifen

1 Knoblauchzehe, zerdrückt

$\frac{1}{4}$–$\frac{1}{2}$ TL Cayennepfeffer

abgeriebene Schale und Saft von 2 Limetten

2 TL Zucker

1 TL getrockneter Oregano

Salz und Pfeffer

8 Weizentortillas

Zum Servieren

saure Sahne

Tomaten-Salsa

Register